AF357204

NOTES

L'HISTOIRE D'AVIGNON

ET

DU PAYS CAVARE

AVIGNON,

LIBRAIRIE CLÉMENT-SAINT-JUST,

PLACE DE L'HÔTEL-DE-VILLE.

1866.

NOTIONS GÉNÉRALES

LE PAYS CAVARE

—

Strabon qui écrivait sous les règnes d'Auguste et de Tibère, est le plus ancien des auteurs connus qui fasse mention des Cavares.

« Lorsque l'on a passé, dit-il, le bac de la Du-
« rance, près de Cavaillon, immédiatement com-
» mence le pays des Cavares qui s'étend jusqu'au
« confluent de l'Isère et du Rhône. Au milieu sont
« les villes d'Avenion, d'Arausion et d'Aeria. (1)

De ce passage on a conclu que les Cavares avaient dû former une *nationalité distincte* dans le monde celtique et que, réunis en une *Confédération puissante*, ils avaient joué un rôle spécial et actif dans tous les événements antérieurs à la conquête romaine. Cette opinion émise pour la première fois par

---

1. Strabon, L. IV. — Plus loin Strabon ajoute le nom de Ouindalon à ceux des villes qu'il a déjà cités. Ces villes portent aujourd'hui les noms suivants : Aouenion, Avignon ; Arausion, Orange ; Aeria, Valréas ; Ouindalon, Védène.

Fantoni (1) a été acceptée sans contrôle par tous les historiens (2) ; elle est entrée dans le domaine des vérités généralement reçues. Elle ne nous en paraît pas moins des plus contestables.

C'est une chose digne de remarque que le nom des Cavares n'ait été mêlé au récit d'aucun des faits accomplis pendant la période nationale de l'histoire des Gaules. Et cependant plusieurs, et des plus importants, ont eu pour théâtre le territoire que leur attribue Strabon, un territoire de la Narbonnaise, voisin de la Méditerranée et du Rhône, sur lequel les migrations celtiques, les entreprises commerciales des Marseillais et les premières conquêtes des Romains avaient, depuis longtemps, attiré les investigations des écrivains grecs et latins.

En effet, cette partie de la vallée du Rhône a été très-probablement un des centres de la nation des Ombres (3). C'est de là qu'au sixième siècle

1. *Istoria della città d'Avignone*, etc. 1678

2. MM. Amédée Thierry, Henri Martin, etc.

3. Le nom d'Amrhons, Ambron semble dérivé de *Am-Rhona*, peuple du Rhône, ou *Ambi-Rhona*, autour du Rhône. Le nom *Rhodan*, d'où les Latins ont fait *Rhodanus* et les Grecs *Rhodanos*, voulait dire cours d'eau ; il ne différait de celui du Rhin que par une nuance de patois. Tous deux ont subi une même forme d'abréviation et sont devenus Rhône et Rhin. Cette abbréviation s'était déjà produite dans les temps celtiques pour les mots composés; car Mela nous dit qu'un lac formé par le Rhin s'appelait *Acronius*, c'est-à-dire lac du cours d'eau (Ac-Rhona), ce qui prouve en outre que, dans les

partirent leurs derniers descendants, pour aller rejoindre les tribus de leur race , près des lieux où ils fondèrent Milan et Novarre. (1)

---

pays ombriens la forme *Rhona* prévalait sur Rhenna. Nous reviendrons sur cette étimologie ; mais ce que nous avons voulu montrer, c'est que le nom *Am-Rhona* d'où l'on a fait *Amrha, Ambra, Ambrons* pouvait vouloir dire peuple du Rhône

Les migrations des Ombres en Italie coïncident avec l'arrivée des Ibères dans le midi des Gaules. — Ils laissent après eux de nombreux débris de leur race dans la vallée du Rhône : les Ambrons et Sicambres, vers les sources ; les Insubres, chez les Eduens ; les Umbranici dans l'Hérault ; les Caturiges dans la Haute-Durance. — Au VI᷎ siècle , les Bellovèses , partis de l'embouchure de l'Isère , en entraînent avec eux qui reconnaissent leurs frères dans la Lombardie. — Tout cet ensemble de faits nous paraît démontrer que les Ombres ont été les premiers des Gaulois qui ont habité la vallée du Rhône. Une partie d'entre eux, refoulée au nord, prit le nom d'*Allobroges*, qui veut dire *autre champ*, d'après le Scholiaste de Juvénal (Sat. VIII .) Pline appelle aussi les Caturiges des Insubres exilés. Enfin Plutarque nous dit que le nom d'Ambron était le nom national des Ligures que l'invasion ibérienne avait refoulés dans les Alpes (vie de Marius).

2. Tite-Live dit que Milan dût sa fondation à l'heureux présage que les Ombres tirèrent de la rencontre de leurs frères en ces contrées. Pline attribue la fondation de Novarre aux Vertacomacori. Il est vrai qu'il ajoute : « C'est encore aujourd'hui un Pagus des Voconces. » Mais les Voconces étaient aussi une fraction de la puissante nation des Ombres Ceux-ci comprenaient outre les Ambrons proprement dits :

Les Ligiens peuple du *Lic* ou rivage (*La-ic*, près la mer) .

Les Voconces, au pied des hauteurs (*Fo-con*)

Les Vertacomacori, vers les montagnes (*Vert-com-ac-or*).

Les Caturiges, aux passages du rivage de la rivière (*Cat-u-rich*)

La route qui, de l'embouchure de l'Isère, rejoignait
la Durance et les Alpes a été une des plus ancien-
nement connues et des plus constamment fréquentées.
C'est celle que Tite-Live nous dit avoir été suivie
par Bellovèse (1) et par Annibal (2). C'était encore,
au 4e siècle de notre ère, celle que préféraient les
pélerins qui, de Bordeaux et de l'Espagne, se ren-
daient à Jérusalem (3) et à Rome Elle était plus cour-
te que celle du littoral de la Méditerranée (4), et plus
sûre que celle qui longeait la Durance par Glanum
et Cavaillon ; car celle-ci , nous dit Strabon , « n'é-
» tait commode qu'en été; l'hiver et au printemps ,
» elle devenait boueuse et était inondée par les
» cours d'eau. »(5)
Le pays que traversait cette route traditionnelle
des invasions avait tiré de cette circonstance le nom
spécial qu'il portait dans la langue géographique des
Gaulois. C'était le pays du *Treich*, (6) c'est-à-dire
du *passage*, habité par les Tricassins ou Tricastins,

---

1. Tite-Live, L. v, c. 34.

2. Tite-Live, L. xxi.

3. *Itinéraire de Bordeaux a Jérusalem*

4. Strabon, L. iv.

5. Strabon. L. iv

6. On dit encore dans le pays de Galles : *Traig*, ce qui
tend au-delà, et en breton: *Treic'h*, *Treiz*, passage de mer ou
de rivière.

Tricores, Tricolles et Tricolores (1)

Si le pays Cavare touchait ainsi , par le Nord et l'Est, à la grande voie nationale des Gaules , il était sillonné, à l'Ouest et au Sud, par les deux grandes routes du commerce étranger , le Rhône et la Durance. Nous aurons à revenir sur les traditions qui constatent les luttes d'Hercule et des Phéniciens dans les contrées liguriennes et l'accueil favorable qu'ils reçurent des populations gauloises. (2) Nous ne parlerons pour le moment que des Grecs , parce que c'est d'eux que nous sont venues les premières notions sur l'éthnographie et l'histoire des Celtes.

Les Phocéens furent reçus avec la même faveur que les Phéniciens, au Nord de la Durance. A leur

---

1. Tricasses. — *Treic'h-Kos*, tribus de passages, ou *Treic'h-Kath*, lieux fortifiés des passages.

Tricores. — *Treic'h-gour*, hommes des passages, ou *Treic'h-or*, passages de la rivière, ce qui répondrait à la position de cette tribu que Pline place au-dessus des Saliens et par conséquent sur la Durance; ce qui justifie aussi l'expression de Tite-Live : « Ad dextram in Tricastinos flexit... per extrema » ora Vorontiorum ad Tricorios tetendit. » — Le nom de Tric'h, légèrement altéré par la transmission, se reconnait encore dans le pays de Trièves.
Les Tricolli sont les peuples des hauts passages et les Tricolores des hauts passages de la rivière.

2. D'après Parthenius (*De amatoriis affectionibus*), Hercule aurait séduit Celtine, fille de Britanne, et en aurait eu un fils, Celtus, d'où seraient sortis les Celtes. Cette tradition, recueillie par d'autres auteurs, indique les relations intimes qui s'établirent entre les Phéniciens et les Gaulois. Nous y reviendrons.

appel, les peuples du Vellum de l'Isère , les Bellovèses (1) traversèrent le Tricastin pour venir au se-
cours de Massalie , menacée par les Ligures. La dé-
couverte, sur le territoire venaissin , de monnaies
marseillaises de toutes les époques ainsi que d'autres portant les initiales AVE et AOVE d'Aouenion ,
prouve l'existence ancienne d'un de leurs comptoirs
près du rocher des Doms , ainsi que l'étendue de
leurs relations dans les deux vallées de la Durance
et du Rhône.

L'hostilité qu'une partie des populations de la

---

1. Tite-Live, interprétant une tradition lointaine , a fait de
Bellovèse, de Sigovèse et d'Elikovèse des noms d'hommes.
Stéphane de Bysance, au mot Cavaillon, nous dit que *ése*
était la finale ethnique en usage dans la contrée ; ce cas serait
donc le seul où nous la retrouverions dans des noms d'hommes.

Sigovèse veut dire peuple des *Sig*, *Sc.* *Sag* (lieux inaccessibles), c'est-à-dire des Cevennes septentrionales et des Alpes,
où cette appellation est si commune ; c'est de là que Tite Live
fait partir les Sigovèses, et que sont sortis les Teutosages
(peuples des Seg), pour aller ravager la Grèce et conquérir le
midi des Gaules ; c'est là qu'on trouve les Segusiaves, la Sequana et la Sagona (rivière des *segs*).

Bellovèse veut dire peuple du Vellum, ou Insula de l'Isère;
pays de population nombreuse, au dire de Polybe et de Tite-
Live, qui en fait partir Bellovèse pour arriver dans le Tricastin.

Enfin les Elikovèse sont les gens du Lic, forme méridionale
de Lug (abondance d'eau), et qui indique le rivage. On a trouvé
un trésor de 71 médailles d'Elikovèse à Beauregard, près
Jonquières, sur l'Ouvèse ; le nom de cette rivière n'est qu'une
abréviation de Elikovèse.

rive gauche manifesta contre Annibal nous montre l'influence prépondérante qu'acquirent en ces contrées les négociants phocéens alliés de Rome.

Il n'en est que plus étonnant que les écrivains de grecs et latins qui ont recueilli chez eux tant de notions intéressantes sur l'éthnographie gauloise aient omis le nom de Cavares dans le récit des événements.

C'est près d'Orange et d'Avignon qu'Annibal a opéré de vive force le passage du Rhône ; (1)

C'est en parcourant, dans toute sa longueur, le pays défini par Strabon qu'il est arrivé dans l'Ile ou Vellum que la Scora ou Isara (2) formait à son embouchure. Tite-Live qui a raconté avec beaucoup de détails cette partie de l'expédition ne parle point des Cavares, bien qu'il cite les Tricastins, les Insulaires ou

---

1. A l'endroit auquel la tradition a conservé le nom de *passage d'Annibal*. Le Rhône ne passe plus sur ce point; mais il a laissé des traces nombreuses de sa présence. Saint-Geniès a gardé le nom de Comolas (montagne ou courbe du lac, *com-o-lath*, et son territoire est, en effet, un terrain d'alluvion formé par l'ancien lit du fleuve.

2. L'Isère avait deux noms : Isara (eau du confluent), dérivant, comme celui de l'Arar, de sa jonction avec le Rhône ; Scora pour Segora, rivière des Seg du Segovellum. Les Grecs adoptèrent ce dernier nom pour distinguer l'Isère de l'Aigues, qui s'appela primitivement Isara, Icara. — Ce n'était pas la seule rivière qui eut plusieurs noms. Le Secoanos s'appelait aussi Cœnus. L'Arar devenait Sagona, Saôna dans la montagne. La Sequana se disait Sena dans son cours moyen, et Oueneli (rivière de la marée) près de Rouen, dans le pays des Oueneliocassi.

Vellaunes , les Tricores et les Voconces. Il ne donne que les Volkes pour adversaires au général car-
thaginois et il prend soin de nous dire que « C'est
« une nation puissante qui habite l'une et l'autre rive
« du fleuve » (1)

Cet historien et tous ceux qui ont traité des
premières conquêtes des Romains dans les
Gaules ne parlent des Cavares , ni comme alliés
ni comme ennemis de la république. Cependant Strabon nous apprend lui-même que c'est sur
leur territoire que s'accomplirent les événements
les plus considérables. « La Soulgas (2) , dit-il , se
» jette dans le Rhône près de Ouindalon , là où
» Cnéius Ahenobardus a mis en déroute des myriades
» de Celtes à la suite d'un grand combat. » Il ajoute
plus loin : « Là où l'Isère se jette dans le Rhône
» près du Cemenus, Q. Maximus, Æmilianus , avec
» une armée de moins de trente mille hommes, tailla
» en pièces deux cent mille Gaulois et éleva un tro-
» phée en pierres blanches, ainsi que deux tem-
» ples, l'un à Mars, l'autre à Hercule. »

Il n'est pas plus parlé des Cavares dans le récit des
révoltes de la Narbonnaise, de l'expédition de Pompée , de l'invasion des Cimbres. Enfin César qui a
eu dans la province l'une de ses bases d'opérations,
qui en a tiré des subsides, cite , parmi les peuples

----

1. Tite-Live, L. XXI, c 26.
2. La Sorgue. — Strabon, L. IV.

qui l'habitaient, les Volkes, les Allobroges , les Voconces et jusqu'aux moins considérables , les Albici
et les Helviens ; mais il semble également avoir
ignoré l'existence des Cavares.

Le savant et consciencieux historiographe de la
cité des papes , Fantoni, ne s'est pas préoccupé
beaucoup de l'omission du nom des Cavares par tous
les auteurs anciens. Il recherche et examine avec
un soin pieux et une rare perspicacité, tous les évè-
nements auxquels ont dû prendre part les populations de la vallée du Rhône ; et, quand il croit avoir
établi leur coopération, il s'écrie : « Quels sont ces
» Gaulois, si ce ne sont les Cavares, puisque, au di-
» re de Strabon, *on donne ce nom à tous les bar-*
» *bares qui habitent cette région*»

C'est en prenant ainsi ce qu'il fallait démontrer
pour base de leurs déductions; c'est en faisant d'une
dénomination administrative du règne d'Auguste le
nom d'une nationalité celtique, que les successeurs
des Fantoni sont arrivés à imaginer une antique et
puissante confédération des Cavares dont l'observa-
teur le plus clairvoyant ne saurait retrouver la trace
dans l'histoire. Ils sont en cela tombés dans l'erreur
du voyageur étranger qui, apprenant que la France
est partagée en quatre-vingt-neuf départements, s'i-
maginerait que son unité s'est formée par l'agglomé-
ration de quatre-vingt-neuf peuples ou tribus dont
chacune aurait joué un rôle particulier dans les évé-

nements antérieurs à la révolution.

S'il est une vérité importante à établir , c'est qu'on ne saurait prendre l'organisation administrative d'Auguste et de ses successeurs comme l'expression ni même l'indice de l'ethnographie des Gaules avant la conquête. Ce fut l'œuvre à laquelle s'attacha particulièrement cet empereur que de détruire la puissance des traditions nationales, en brisant les anciennes confédérations, en divisant ceux qu'avaient unis des souvenirs communs de gloire et d'infortune, en groupant ceux qu'ils avaient séparés. Il créa ainsi des circonscriptions administratives qui semblent arbitraires lorsqu'on n'en considère que les éléments ; mais c'est à l'aide de ces mesures, transitoires par leur nature même, qu'il prépara la fusion de toutes les provinces conquises en un seul et vaste empire.

C'est à cette pensée de transformation politique qu'est due, sinon l'origine du nom Cavare, du moins la signification qu'il n'a gardée qu'un instant.

Le silence absolu de tous les historiens est un témoignage, pour ainsi dire négatif, contre l'existence d'une confédération puissante des Cavares pendant la période notionale de l'histoire des Gaules. Il en est d'autres plus positifs qui prouvent que les populations comprises sous cette dénomination par Strabon appartenaient à des nationalités différentes.

Tite-Live donne le nom de Volkes aux habitants de la vallée d'Orange contre lesquels Annibal eut à combattre lors du passage du Rhône. Il place vers l'embouchure de l'Isère les Insulaires ou Vellaumes que, d'accord avec Polybe, il appelle Allobroges et auxquels il donne un roi particulier. Il ajoute qu'en regagnant la Durance, le général appuya vers sa gauche pour passer chez les Tricastins et arriva chez les Tricores en suivant la frontière de Voconces; c'est-à-dire que les Arekomikes s'étendaient au Nord jusqu'au Vellum (1) des Allobroges dont un remanie-

___

1 Polybe appelle *Nesos* et Tite-Live *insula*, c'est-à-dire *Ile*, le pays situé à l'embouchure de l'Isère où aborda Annibal après avoir passé le Rhône. La Synonymie de ces deux mots avec le Gaulois *Vellum* nous est indiquée par la tradition qui a changé en Carlisle le Luguvallum de Bretagne. C'est dans ce sens que nous voyons, sur les inscriptions gauloises de Notre-Dame de Paris : Senani Vello, employé pour désigner ceux des gens de la Seine (Senani) qui habitaient l'ile (Vello) de la cité où Paris a pris naissance.

Mais *Vellum* avait une signification plus étendue que celle d'*Ile*; c'est ce qu'indique la définition suivante donnée par Polybe du Vellum de l'Isère : « Cette contrée, dit-il, tire son « nom de sa configuration même ; car le Rhône et la rivière « nommée Scora (l'Isère), coulant chacun sur l'un de ses côtés, « lui donnent la forme d'un angle par le fait même de leur « rencontre Elle est semblable, par son étendue et par sa « forme au pays que les Egyptiens appellent Delta, avec cette « différence toutefois que, dans l'une, la mer marque le côté « qui joint les deux cours d'eau, tandis que, dans l'autre, « ce sont des *montagnes difficiles à aborder ou à gravir* « *et, pour ainsi dire, presque inaccessibles.* »

Cet angle ou Delta, c'est le *Vellum* ; ces montagnes presque inaccessibles sont les *Seg*, mot qui, dans le Kimrique actuel, veut encore dire *lieu d'accès difficile, fermé.* La

ment administratif fit plus tard le Segovellum et
qu'ils étaient placés entre le Rhône d'un côté , les
Tricastins et les Voconces de l'autre. Telle était la

---

réunion des Seg et du Vellum formait , au temps de Ptolémée, le Sègovellum que Pline appelle Ségalaune, d'après un
système d'abréviation intérieure fréquent dans la langue
gauloise et dont on retrouve de nombreux exemples dans le
français du moyen-âge.

Les Seg de l'Isère devaient à leur position sur les *mares*
ou eaux dormantes laissées par les débordements de la rivière
et du Rhône , le nom de Segomaros dont la trace est restée
dans les dénominations locales de Mont-Meyran , et Mont-
Miery , attribuées par nos guides à des victoires imaginaires
de Marius

Le nom de Segomaros ne nous est connu que par deux
monuments anciens. L'un est une inscription gravée sur une
casserole du musée de Dijon, ainsi conçue : DOIROS SEGO-
MARI IEVRV ALISANV , ce qui veut dire qu'un nommé
Doiros, natif de la Segomare, a fabriqué (cet obje) à Alise.

Le second monument est un des plus précieux que possède
le musée d'Avignon. C'est une inscription provenant de Vaison et sur laquelle on lit :

CEΓOMAPOC

OYIΛΛONEOC

TOOYTIOYC

NAMAYCATIC

EIΩPOYBHΛH

CAMICOCIN

NEMHTON

Cette inscription nous paait devoir être traduite ainsi :

La Segomare (Segomaros) le Vellum (Ovilloneos) , la confédération, le peuple de Nimes (Tooutious namausatis), ont fait ,
consacré (eiorou ; c'est le seul cas connu où ce verbe soit
au pluriel), à la déesse Belesami(Bèlèsami), ce petit monument
sacré (cocin nemeton).

On sait que Valence fut primitivement une colonie romaine
fondée dans le Vellum de l'Isère ; elle s'aggrandit peu à peu
de la Segomare, et d'un territoire placé sur la rive gauche
duRhône, et assez voisin de la confédération nimoise que

situation lors du passage d'Annibal ; c'est-à-dire un siècle avant la conquête romaine.

Au temps d'Auguste, cette circonscription à pris l'extension que nous avons indiquée d'après Strabon. Mais ce même auteur attribue spécialement à Orange le nom de ville des Cavares ; il nous dit que les Salyens habitent les plaines et les montagnes aux dessus d'eux et, après ces derniers, il place les Voconces et les peuples des passages qu'il appelle Tricores. Plus loin, en parlant de la rive droite du Rhône, il dit : « Les Volkes sont voisins du fleuve ; »ils ont en face d'eux, sur la rive opposées, les Sa-»lyens et les Cavares. Mais le nom de Cavares com-»mence à prévaloir et on désigne déjà ainsi tous les »barbares qui sont de ce côté. »

C'était donc un nom auquel les circonstances avaient donné une signification toute nouvelle, plus étendue que celle qu'il avait primitivement, mais qu'il ne devait pas conserver.

En effet, un demi-siècle après Strabon, Pline distingue les Cavares des Ségalaunes, des Tricores, des Voconces, des Tricastins et même des Méminiens ; il nomme Aeria et Cavaillon sans indiquer

---

Strabon nous dit avoir été une réunion de 24 villages, jouissant de leur libre gouvernement. Ces aggrandissements provoquèrent peut-être des froissements, et c'est pour témoigner de leur apaisement que le monument a pu être élevé par les trois pays à la déesse Belesami, en son temple de Vaison.

qu'elles leur appartinsent ; il semble attribuer Valence, aussi bien que Vienne, aux Allobroges : il ne cite d'une manière précise que Arausio comme étant sur le territoire des Cavares et Avenio comme ayant gardé leur nom.

Ptolemée place ces peuples immédiatement au-dessous des Segovellaumes, entre le Rhône et les Tricastins ; il leur donne pour cités les colonies d'Acusion, d'Aouenion et de Cabellion.

Du milieu de ces contradictions plus apparentes que réelles, un seul fait se dégage avec évidence, c'est que l'organisation administrative d'Auguste avait suffisamment brouillé l'écheveau de l'ethnographie celtique pour que les savants anciens eussent peine à s'y reconnaître ; c'est surtout que l'unité Cavare définie par Strabon n'existait pas avant la conquête et qu'elle s'était brisée déjà au temps de Pline et de Ptolemée. C'était donc une de ces créations administratives qui signalèrent la période de transition entre le passé national et l'organisation définitive de l'Empire.

En effet, la circonscription des Cavares comprit, outre les Volkes de la rive gauche du Rhône, une faible partie de ceux de la rive droite, des Salyens des deux rives de la Durance; elle prit dans le Nord aux Helviens, quelques *pagi*, et aux Allobroges le Vellum de l'Isère auquel elle fut unie par une petite langue de terre longeant le Tricastin.

Nous aurons à déterminer ces limites avec plus de précision. Ce que nous pouvons dire déjà, c'est qu'elles affectaient un tracé assez bizarre et enserraient un territoire assez peu étendu pour qu'on ne comprenne pas, au premier abord, qu'on en ait fait une subdivision distincte ayant probablement un préfet particulier en résidence à Avignon avec le titre de Préfet des Volkes. (1)

---

3 **Ce** fait nous est attesté par un des plus beaux mouuments épigraphiques du musée d'Avignon. C'est une inscription du meilleur style gravée sur une énorme pierre de taille en calcaire compacte de 0 m. 84 de largeur , 0,38 de hauteur et 0,70 de profondeur. La pierre a été trouvée sur le rocher d'Avignon , au pied du dernier arceau de l'ancienne église paroissiale de St-Étienne, vers le côté méridional du chœur de la basilique métropolitaine. Elle était noyée dans un massif de béton, composé de chaux et de fragments de briques , au milieu de tuiles brisées et de débris de mosaïque. Ces détails que nous devons à l'obligeance de M. Deloye, le savant directeur du musée Calvet d'Avignon, prouvent que l'inscription faisait partie d'un monument élevé sur l'emplacement même où elle a été trouvée. Elle est ainsi conçue :

T. CARISIVS. T. F.

PR. VOLCAR. DAT.

Elle indique donc que le monument a été élevé par T. Carisius , fils de Titus , lequel Carisius était préfet des Volkes. Or, à cette époque, Narbonne était déjà une colonie romaine ; les 24 villages de Nimes formaient une petite confédération (tooutious Namau-atis) se régissant par ses propres lois , et, dit Strabon , jouissant du privilège de n'être point gouvernée par un préfet. Parmi les pays riverains du Rhône qu'avaient possédés les Volkes , le Cavare était donc le seul qui put avoir un préfet. Et il est remarquable que ce magistrat portât le nom de Préfet des Volkes et non des Cavares.

L'explication de cette anomalie se trouve dans les précédents de l'histoire locale. Les conditions de l'organisation administrative se trouvèrent, en ces conrées, compliquées par l'intervention d'un intérêt étranger, celui des Marseillais, qui avaient un comptoir à Avignon.

On a dit que cette dernière localité était tombée au pouvoir des Romains dès le temps des premières conquêtes. C'est encore là une de ces assertions sans preuve, si fréquentes chez les historiens des Gaulois et qui, faute d'être contredites, font leur chemin par ce que l'on pourrait appeler la force d'inertie. Il est au moins invraisemblable que Rome qui n'avait engagé la lutte au-delà des Alpes que pour venir en aide à son alliée phocéenne, ait commencé par la dépouiller de ses possessions. Elle avait trop besoin de cet œil actif qui surveillait pour elle, sur tous les marchés, les menées des Gaulois, de cette flotte du Rhône qui pouvait porter des subsides jusqu'au nord des Cévennes ; elle en avait encore trop de services à attendre pour avoir le loisir d'être ingrate. Elle fut habile en se montrant généreuse. Les donations de Pompée rattachèrent à Avignon un territoire peu étendu et ingénieusement découpé sur les deux rives de la Durance et du Rhône, qui assurait aux Marseillais le monopole de ces deux grandes voies commerciales et aux Romains la facilité de leurs communications en même temps qu'un obstacle au rapprochement de leurs ennemis.

Ainsi se constitua, sous une administration distincte, le Cavar dont le nom n'était celui ni d'un peuple, ni d'une tribu, ni même d'un pagus celtique. Il représentait la même idée que celui de marais dont il est synonyme et presque homonyme (1). Il servit à désigner primitivement ceux des étangs des Volkes que formait le Rhône depuis les Cévennes jusqu'à la mer et il resta à tous les terrains que les eaux abandonnaient par suite de l'exhaussement progressif du sol.

La ville d'Orange, située au milieu des marais de l'Ouvèse, de l'Aigue et du Rhône, finit par prendre le nom de ville des Cavares que lui attribue spécia-

---

1 Le mot Cavarre répondait à l'dée exprimée par les dénominations géographiques similaires parmi lesquelles nous citerons : *Cameri*, *Cameracum*, aujourd'hui Cambvai, sur les marais de l'Escaut; *Camaria* ou *Camargue* sur les terrains d'alluvion déposés par le Rhône à son embouchure. Camaria ne diffère de Cavares que par le changement du V en M, fréquent dans les noms gaulois et inévitable dans les pays ibériens ou le V était inconnu.

Cavare se compose des deux mots *Ach* ou *Aig*, eau et *Mar*, indiquant la *mare*, *l'eau dormante*. Si nous transposons ces deux mots, au lieu de *Aig-mar*, nous avons *Mar-esk*, *Mar-asq*, ancienne forme du mot marais que nous trouvons encore dans les noms des villages de Maresquelle, Marecabre etc

Le Cavare désignait primitivement, comme nous aurons l'occasion de le montrer, ceux des étangs Volkes que le Rhône formait depuis les Cévennes jusqu'à son embonchure.

lement Strabon et c'est là, en effet, que ce nom se localisa pour ainsi dire. C'était du reste un pays peu habité, car Hannon, lieutenant d'Annibal, après avoir passé le Rhône près de l'Ardèche, le traversa sans que sa présence eut été soupçonnée jusqu'aux approches d'Orange. Son importance était toute stratégique et commerciale. Mais peu à peu le sol, exhaussé par les alluvions du Rhône, offrit d'utiles ressources à la culture ; les maisons jusqu'alors dispersées se réunirent en villes, bourgs ou villages sous l'effort de la civilisation et des besoins qu'elle développe. Les Romains poussèrent à cette révolution sociale, parce qu'après avoir divisé les peuples entre eux pour les dominer, ils avaient besoin de grouper les habitants dans des centres, pour les tenir sous la main et les gouverner. Quand ils furent les maîtres de la Gaule, politiquement aussi bien que militairement, qu'ils n'eurent plus besoin de l'aide des Marseillais, ils n'eurent plus de raison pour maintenir cet enclave qui laissait, entre les mains de leurs alliés, une voie de communication importante. Ils songèrent à se l'approprier et employèrent à cette œuvre l'habileté qui a fait une des principales forces de l'empire. Ils provoquèrent des résistances, des soulèvements, des désirs d'annexion au sein des populations qui devaient trouver plus de gloire et de profit à faire partie d'un grand état qu'à dépendre d'une petite métropole de négociants étrangers. Ils créèrent des postes, des colonies de soldats qui ne pouvaient relever que de l'empire et de l'empereur.

Le pays Cavare fut ainsi mangé feuille à feuille, suivant une expression moderne. Les cités d'Orange et de Valence furent les premières à recevoir des colonies. Cavaillon et Avignon n'étaient encore que des villes latines au temps de Pline, ce qui indiquerait que leur soumission était moins ancienne; mais elles étaient devenues des colonies à l'époque où écrivait Ptolémée.

Marseille ne semble avoir fait aucune opposition à cette transformation qu'elle n'eut d'ailleurs pas pu empêcher. Elle avait éprouvé, sous la main ferme de César, que toute résistance lui était interdite. Depuis lors, tout en conservant son titre d'alliée et sa forme de gouvernement, elle était tombée complètement sous la dépendance des maîtres du monde.

Son ambition d'ailleurs n'avait jamais été portée vers les acquisitions territoriales ; les Grecs, comme avant eux les Phéniciens, étaient en petit nombre sur le sol de la Gaule ; ils songeaient à l'exploiter et non à le dominer ; ils ne demandaient qu'à avoir accès sur les marchés et avaient besoin de ne point éveiller les inquiétudes des populations. Ils pratiquèrent donc le principe de l'occupation restreinte, comme nous le faisons encore aujourd'hui, à l'intérieur du Sénégal, en vue des mêmes intérêts exclusivement commerciaux. S'ils firent la guerre, c'est

qu'ils trouvèrent des peuples qui, maîtres avant eux
des marchés gaulois, n'y voulaient point souffrir des
rivaux.

C'étaient les Svgunnaï qui exploitaient les salines
de l'étang de Martramela et « dont le nom, dit Héro-
» dote, était devenu synonyme de marchands dans
» le langage des Liguriens supérieurs qui habitaient
» au-dessus de Marseille. (1) »

Ce sont eux qui combattirent les Phéniciens dans
les plaines de la Crau pour leur fermer l'entrée du
Rhône ; ce sont eux encore qui disputèrent aux Phocéens l'accès de la Durance. Franchir cette barrière
était pour les commerçants étrangers une question de
vie et de mort. Ils y parvinrent en exploitant les haines
de race des Gaulois contre les Ligures, en se les at-
tachant par les avantages de la concurrence. C'est
pour assurer ces relations que furent créés les comptoirs d'Avignon et de Cavaillon, dont la fondation, au
moins pour le premier, remonte très-probablement
au temps des Phéniciens. Mais, tout en subissant ces
nécessités, Marseille ne se départit point de sa ré-
serve habituelle. Elle n'occupa que des points iso-
lés, peu habités, où elle pouvait s'établir sans cau-
ser d'ombrage, se défendre sans avoir à déployer de

----

(1) Herodote L. V , c 9.
Les Sygunnaï étaient les peuples du Secoanos, rivière qui
fut plus tard appelée Cœnus et est devenue l'Arc. Ils faisaient
partie des Saliens sur le territoire desquels fut batie **Marseille**
dont l'ancien nom veut dire *lieu des Saliens* (Ma-Salia).

grandes ressources. Les Romains qui lui dùrent
beaucoup eussent volontiers disposé en sa faveur
d'une partie des territoires pris aux ennemis ; Marseille resta fidèle à sa politique. Elle ne sollicita que
ce qu'il lui fallait pour assurer son monopole. C'est
ainsi que de Sextius elle obtint une largeur de 1,000
à 1500 pas, le long du littoral de la Méditerranée ,
de manière à fermer l'accès de la mer aux Ligures
dont les corsaires lui causaient d'énormes préjudices.
Marius lui donna l'entrée du Rhône qu'il avait fait
creuser par ses soldats , ce qui forçait les Bebryces et
tous les marins étrangers à subir les droits énormes dont elle avait frappé la navigation. Celle-ci
se reporta sur le haut du fleuve ; elle y mit obstacle
en se faisant céder par Pompée la partie accessible
du littoral ; mais elle n'y prit que ce qui était né-
cessaire pour assurer son monopole,ce qu'elle pouvait
garder à l'aide de ses forces exclusivement maritimes

La conquête romaine , en développant les besoins , en assurant la sécurité des routes et la li-
berté du commerce ouvrait à Marseille des horizons
infinis. « Vous nous avez livré les Gaules; vous avez
augmenté nos revenus » disaient ses députés à César. Et, en effet, c'est de cette époque que date sa
plus grande prospérité. Elle était assez riche , elle
avait assez d'avance sur toute rivale nouvelle pour
soutenir la concurrence. Elle n'avait plus besoin de

poste de refuge pour ses citoyens. Elle se laissa prendre les territoires qu'elle n'avait plus d'intérêt à garder et se délivra ainsi de charges et d'embarras considérables. Jusqu'alors ses habitants étaient restés, pour ainsi dire, en camp volant, au milieu de peuples barbares ; ses maisons n'étaient encore, au temps de Vitruve (1) , que des barraques en planche. Elle s'établit définitivement ; elle appliqua ses ressources à son installation intérieure. Elle devint **une** brillante cité, tout en restant ce que l'ont faite ses destinées , c'est-à-dire la métropole commerciale des Gaules , l'intermédiaire entre elles et les nations de la Méditerranée et de l'Orient.

Telles sont les données générales qui nous paraissent résulter de l'histoire du pays Cavare. Nous la reprendrons, un jour, dans ses détails, en insistant de préférence sur les faits les moins connus.

— Rajat.

(1) « Les constructions, chez plusieurs nations, ne sont faites « que de branches d'arbres, de roseaux et de boue; il en est ainsi « de la Gaule, de l'Espagne , du Portugal et de l'Aquitaine « Les maisons n'y sont couvertes que de planches grossières et « de paille. ... Je puis assurer qu'à Marseille même , les maisons ne sont pas couvertes de tuiles ; les toits consistent en « planches que l'on recouvre de boue. (Vitruve, L. 1 ch. 1.) «

Avignon. Typ. Bonnet fils, rue Bouquerie, 7.